LES MOTS QUE VOUS DEVRIEZ CONNAÎTRE POUR PARAÎTRE INTELLIGENT ET CULTIVÉ

1000 MOTS ESSENTIELS QUE TOUTE PERSONNE SOPHISTIQUÉE DEVRAIT ÊTRE CAPABLE D'EMPLOYER

Écrit par :

Frédéric de Lavenne de Choulot

Introduction

Le langage est un outil puissant qui nous permet de communiquer pensées et idées aux autres. En utilisant les bons mots au bon moment, nous pouvons influencer notre public et impressionner ceux qui nous écoutent. Mais comment pouvons-nous enrichir notre vocabulaire et apprendre les mots les plus sophistiqués et pertinents pour chaque situation ? C'est là que ce livre entre en jeu. Avec ces 1000 mots soigneusement sélectionnés pour leur utilité et leur impact, ce livre est un guide pratique pour toute personne souhaitant améliorer sa capacité à s'exprimer avec confiance et intelligence. Que vous soyez en train de préparer une présentation importante, d'avoir une conversation intellectuelle ou simplement de vouloir briller dans une conversation, ces 1000 mots essentiels vous aideront à paraître plus cultivé et à impressionner en société.

A

abstème (adj. et n.m.) : Qui ne boit pas d'alcool, s'abstient. *Certaines religions exigent d'être abstème.*

accointance (n. f.) : Relation avec quelqu'un (surtout péjoratif). *Il ne faut avoir aucune accointance avec des gens de mauvaise vie.*

adjurer (v.) : Commander à (qqn), en adressant une adjuration ; Prier avec instance, supplier. *Adjurer quelqu'un de dire la vérité.*

admonestation (n. f.) : Avertissement, remontrance sévère. *Le juge a donné une admonestation sévère à l'accusé pour son comportement inapproprié lors de l'audience.*

adultérer (v.) : Altérer la pureté de quelque chose. *Le commerçant a été condamné pour avoir été surpris en train d'ajouter des produits chimiques dangereux pour adultérer la viande qu'il vendait.*

advertance (n. f.) : Attention avec laquelle on surveille ses actes sous l'aspect du bien ou du mal. Contraire de inadvertance. *Il faut faire preuve d'advertance pour éviter les erreurs.*

agacinant (adj.) : Qui agace de manière répétée, longuement. *Le bruit de la machine à laver était agacinant pendant toute la nuit.*

agreste (adj.) : Qui appartient à la campagne ou qui évoque la vie champêtre. *Pendant leur voyage, ils ont découvert de magnifiques paysages agrestes.*

alambiqué (adj.) : Qui est excessivement complexe ou embrouillé. *Le langage utilisé dans le contrat était si alambiqué que même les avocats ont eu du mal à le comprendre.*

algarade (n. f.) : Une altercation bruyante, une dispute vive ou une querelle violente entre des personnes.

allégorie (n. f.) : Une figure de style qui utilise des symboles ou des représentations pour exprimer une idée abstraite ou une vérité universelle. *Jean de La Fontaine a écrit de nombreuses fables qui utilisent des animaux comme personnages pour représenter des traits de caractère humains créant ainsi des allégories morales.*

amarescent (adj.) : Qui a une saveur légèrement amère. *La salade avait une touche d'amarescent qui donnait une note intéressante à son goût, sans le rendre désagréable.*

aménité (n. f.) : Qualité de courtoisie, de politesse et de bienveillance dans le comportement. *Ses aménités envers ses collègues ont créé un environnement de travail agréable et productif pour tous.*

amphigouri (n. m.) : Un texte ou une suite de paroles sans signification logique ou cohérente. *Les discours politiques peuvent parfois être remplis d'amphigouris.*

amphitryon (n. m.) : Un hôte accueillant et généreux, qui reçoit ses invités avec hospitalité.

ampoulé (adj.) : Un langage ou un discours excessivement ornementé ou grandiloquent, rempli de mots ou d'expressions complexes ou pompeuses. *Le discours du politicien était si ampoulé* *que la plupart des auditeurs ont eu du mal à comprendre son réel message.*

anaphore (n. f.) : Figure de style dans laquelle un même mot ou une même expression est répétée au début de plusieurs phrases. *Le discours de Martin Luther King, intitulé 'I Have a Dream', utilise de nombreuses anaphores pour renforcer son message et inciter les gens à se battre pour l'égalité des droits.*

anathème (n. m.) : Une condamnation ou une malédiction solennelle prononcée par une autorité religieuse ou civile contre une personne ou un groupe considéré comme hérétique ou criminel. *L'Église a prononcé un anathème contre les hérétiques, les considérant comme ennemis de la foi et de la communauté.*

anfractuosité (n. f.) : Une cavité étroite qui est souvent formée par des roches ou des terres érodées. *Les explorateurs ont parcouru les anfractuosités de la grotte, découvrant des passages étroits et tortueux qui menaient à des salles cachées.*

angélisme (n. m.) : Désir de pureté, de perfection, par refus des réalités. *L'angélisme de certaines personnes est parfois critiqué pour sa tendance à ignorer les réalités complexes de la vie moderne.*

antiphrase (n. f.) : Figure de style qui consiste à dire le contraire de ce que l'on veut réellement exprimer, avec l'intention de produire un effet ironique ou sarcastique. *Bravo ! Tu as réussi à rater tous tes examens cette année, on voit que tu as bien travaillé !*

aphorisme (n. m.) : Forme d'expression qui présente une idée sous une forme brève et frappante. *Le temps guérit toutes les blessures.*

apocope (n. f.) : Désigne la suppression ou l'omission d'une ou plusieurs lettres ou syllabes en fin de mot. *L'argot utilise souvent des apocopes pour raccourcir les mots, comme 'tél' pour 'téléphone'.*

apostat (n. m.) : Désigne une personne qui a renoncé à une religion, une croyance ou une doctrine à laquelle elle avait précédemment adhéré.

apostille (n. f.) : Certification officielle d'un document qui facilite sa reconnaissance à l'étranger.

appéter (v.) : Exciter ou stimuler l'appétit, le désir ou l'envie de quelque chose.

aprosexie (n. m.) : Désigne une incapacité à se concentrer ou à maintenir son attention, souvent accompagnée d'une incapacité à comprendre ou à mémoriser les informations. *Le patient a été diagnostiqué avec une aprosexie qui l'empêche de se concentrer suffisamment pour effectuer des tâches simples.*

arcane (n. m.) : Un secret ou une connaissance réservée à un petit groupe de personnes et associée à des pratiques mystiques ou ésotériques.

arctique (adj.) : La région la plus septentrionale de la Terre, située autour du pôle Nord.

arénacé (adj.) : Une texture sablonneuse ou pierreuse, semblable à celle des sables ou des graviers.

argentin (adj.) : Une voix qui est claire, pure et vibrante, comme si elle résonnait comme l'argent. *La cantatrice a été applaudie pour sa voix argentine, qui a rempli la salle de sa beauté et de sa clarté cristalline.*

assertivité (adj.) : Terme utilisé en psychologie pour décrire une capacité à s'affirmer de manière confiante et directe, tout en respectant les droits et les opinions des autres.

atermoiement (n.m.) : Le fait de remettre à plus tard ou de retarder une action, une décision ou une discussion, généralement en utilisant des excuses ou des justifications.

atrabilaire (adj.) : Une personne colérique, irritable et de mauvaise humeur. *Le patron était d'une humeur atrabilaire ce matin, et tout le monde a essayé d'éviter de lui parler jusqu'à ce qu'il se calme.*

atticisme (n. m.) : Un style ou une manière de s'exprimer qui est sobre, élégant et précis, sans exagérations.

avanie (n. f.) : Une humiliation publique ou une déconvenue subie par une personne.

avatar (n. m.) : Une représentation virtuelle utilisée pour exprimer une identité en ligne, souvent sous forme d'image ou de personnage.

acrimonie (n. f.) : Mauvaise humeur qui s'exprime par des propos acerbes ou hargneux.

adversité (n. f.) : Une situation difficile ou malheureuse qui survient à une personne et peut inclure des revers et des épreuves.

afférent (adj.) : Qui sont en relation à... *Renseignements afférents à un évènement.*

allégeance (n. f.) : Obligation de fidélité.

amender (v.) : Améliorer. *Amender un texte, une loi.*

androgyne (adj. et nom) : Qui présente certains des caractères sexuels du sexe opposé.

antagoniste (adj. et nom) : Personne qui s'oppose dans une lutte idéologique, dans un conflit.

ardeur (n. f.) : Énergie pleine de vivacité. Il montre de l'*ardeur au travail.*

ascendance (n. f.) : Ligne généalogique par laquelle on remonte de l'enfant aux parents, aux grands-parents ; ensemble des générations dont est issu quelqu'un.

assentiment (n. m.) : Acte par lequel on acquiesce (expressément ou tacitement) à une opinion, une proposition.

astreint (adj.) : Relatif à ce qui est limité, ce qui est contraint par des lois, des règles. *Il est astreint par le juge à faire disparaître d'Internet les images compromettantes qu'il a publiées.*

atemporel (adj.) : Qui n'est pas concerné par le temps.

axiome (n. m.) : Proposition considérée comme évidente, admise sans démonstration.

avènement (n. m.) : Accession au trône. *L'avènement de Louis XIV.*

acerbe (adj.) : Qui cherche à blesser, qui critique avec méchanceté.

allocution (n. f.) : Discours bref adressé par une personnalité. On dit : prononcer ou faire une allocution.

altier (adj.) : Qui a ou marque la hauteur, l'orgueil du noble.

amalgame (n. m.) : Alliage du mercure et d'un autre métal.

antinomique (adj.) : Absolument opposé.

apologue (n. m.) : Petit récit visant essentiellement à illustrer une leçon morale.

apologie (n. f.) : Discours ou écrit visant à défendre, à justifier une personne, une doctrine.

augure (n. m.) : Signe par lequel on juge l'avenir.

candeur (n. f.) : Qualité d'une personne pure et innocente, sans défiance.

probité (n. f.) : Honnêteté scrupuleuse.

ambivalent (adj.) : Caractère de ce qui peut avoir deux sens, recevoir deux interprétations. *L'ambivalence des rêves.*

anachronique (adj.) : Qui est déplacé à son époque, qui est d'un autre âge.

analogue (adj. et n. m.) : Qui présente des similarités avec une autre chose.

apathique (adj. et nom) : Qui manque d'énergie ou de réactivité émotionnelle.

apathie (n. f.) : Incapacité d'être ému ou de réagir (par mollesse, indifférence, état dépressif, etc.). *J'ai voulu secouer son apathie !*

assidu (adj.) : Qui est régulièrement présent là où il doit être.

austère (adj.) : Qui se montre sévère pour soi, se prive.

avide (adj.) : Qui a un désir violent de quelque chose.

abjurer (v.) : Abandonner solennellement (une opinion religieuse).

anthropologie (n. f.) : Science qui étudie les caractères anatomiques et biologiques de l'espèce humaine.

B

babélien (adj.) : Qui évoque la diversité ou la confusion des langues de la tour de Babel. *Le brouhaha de la ville était si babélien que je ne pouvais pas comprendre un seul mot de ce que les passants disaient.*

babil (n. m.) : Bavardage continuel, enfantin ou futile. *Le babil des enfants dans la cour de récréation était si fort que l'enseignant devait crier pour se faire entendre.*

barbarisme (n. m.) : Faute grossière de langage, emploi de mots forgés ou déformés.

cacophonie (n. f.) : Rencontre ou répétition désagréable de sons. *Le groupe de musiciens semblait jouer chacun une mélodie différente, créant ainsi une cacophonie désagréable pour les auditeurs.*

bizut (n. m.) : Personne qui est nouvellement admise dans une organisation ou une université et qui est souvent soumise à des pratiques d'initiation par les membres plus anciens.

boréal (adj.) : Relatif à l'hémisphère nord du globe terrestre. *Ces espèces animales évoluent dans un milieu exclusivement boréal. Une aurore boréale.*

bovarysme (n. m.) : État d'ennui qui pousse une personne à rêver d'un univers imaginaire. *Emma, l'héroïne du livre Madame Bovary de Gustave Flaubert, est considérée comme un exemple classique de bovarysme, cherchant passion et romance pour échapper à sa vie banale et monotone.*

brassicole (adj.) : Se dit d'une entreprise qui se dédie à la fabrication et à la production de bière.

bruxisme (n. m.) : Grincement pathologique des dents, fait de frotter ses dents les unes contre les autres ou de les serrer de façon inconsciente et incontrôlée. *Son bruxisme m'empêche de dormir la nuit.*

bucolique (adj.) : Relatif à la vie de berger, de campagne. *Ce restaurant a préféré ouvrir ses portes loin de la ville pour offrir à ses clients un paysage bucolique.*

badaud (adj. et nom) : Promeneur curieux de tous les spectacles de la rue et qui s'attarde à les regarder.

badinage (n. m.) : Propos léger, sans sérieux et se fait sur le ton de la plaisanterie.

bagatelle (n. f.) : Chose sans importance. *Perdre son temps à des bagatelles.*

baliverne (n. f.) : Propos sans intérêt, sans vérité.

baroque (adj. et n. m.) : Qui est d'une irrégularité bizarre. Se dit d'un style qui s'est développé du XVIe au XVIIIe siècle, caractérisé par la liberté des formes et la profusion des ornements.

béatitude (n. f.) : Bonheur, état de satisfaction parfaite.

bienveillance (n. f.) : Disposition favorable à l'égard de quelqu'un. *Je vous remercie de votre bienveillance.*

bilieux (adj.) : Enclin à la colère, rancunier.

bonace (n. f.) : État d'une mer très tranquille.

bourbeux (adj.) : Qui est plein de bourbe (boue noire et épaisse).

burlesque (adj. et n. m.) : D'un comique extravagant et déroutant.

bourgeoisie (n. f.) : Catégorie sociale comprenant les personnes jouissant d'une situation relativement aisée et qui n'exercent pas un métier manuel.

belliqueux (adj.) : Qui aime la guerre, est empreint d'esprit guerrier.

bibliomane (n. m.) : Personne qui a la passion de collectionner les livres pour leur rareté, leur reliure, etc.

bévue (n. f.) : Erreur grossière, méprise due à l'ignorance ou à l'inadvertance.

blafard (adj.) : D'une teinte pâle et sans éclat. *Un visage blafard*

C

Camus (adj.) : Qui a le nez court et aplati.

canopée (n. f.) : Partie la plus élevée et qui abrite le plus de vie dans une forêt tropicale humide. *Les rayons du soleil perçaient à travers les feuilles de la canopée dense de la forêt.*

capilliculteur (n. m.) : Coiffeur.

capiteux (adj.) : Enivrante et agréable sensation qui séduit par les émotions qu'elle procure. *Je me suis laissé porter par ce climat capiteux dont l'atmosphère me comblait de bonheur.*

captation (n. f.) : Manœuvre illégale pour obtenir un héritage. *Le tribunal a jugé que la captation de l'héritage par le fils adoptif était illégale.*

captieux (n. f.) : Se dit de propos ou d'arguments dont la finalité est de tromper et d'induire en erreur. *Elle a développé tout un raisonnement captieux pour convaincre son auditoire d'adhérer à ses idées.*

carabistouilles (n. f. pl.) : Mensonge, bêtise. *Tu crois que tu vas me rouler dans ma farine ? Arrête de me raconter des carabistouilles !*

casuel (adj.) : Qui peut se produire ou non dans ce cas. Éventuel.

caustique (adj.) : Qui désorganise, brûle les tissus organique. Par extension : Moqueur, toxique.

cauteleux (adj.) : Qui manifeste de la défiance et de la ruse, hypocrite. *Il n'est pas franc, c'est un monsieur cauteleux.*

cave (adj.) : Qui présente une cavité, qui est creux. *Des joues caves.*

célérité (n. f.) : Rapidité, promptitude dans l'exécution. *Les travaux ont été conduits avec célérité.*

chantre (n. m.) : Personne qui célèbre quelque chose ou représentant un mouvement. *Ils se sont faits les chantres d'une mondialisation plus régulée.*

cicérone (n. m.) : Guide rémunéré qui fait visiter un monument, une ville, un pays à des touristes.

circadien (adj.) : Qui suit un rythme biologique de 24 heures. *Les arbres, comme la plupart des organismes vivants, sont soumis au rythme circadien.*

circonlocution (adj.) : Manière d'exprimer sa pensée d'une façon indirecte, périphrase. *« L'oiseau messager du printemps » pour désigner l'hirondelle.*

circonvenir (v.) : Manœuvrer quelqu'un par la ruse pour obtenir quelque chose. *Il croyait le circonvenir par ses artifices.*

claustrer (v.) : Enfermer quelqu'un dans un lieu clos, isolé. *La maladie l'a claustré dans sa chambre.*

coercitif (adj.) : Qui agit par contrainte. *Depuis qu'il a obtenu son poste de directeur général, il exerce un pouvoir coercitif sur les employés, c'est insupportable.*

coi (adj.) : Qui est calme, tranquille. Il demeure coi.

colliger (v.) : Assembler en recueil les passages caractéristiques d'un texte. *Pour réaliser mon mémoire de fin d'année, j'ai dû colliger toutes les informations récoltées.*

compassés (adj.) : Fait comme au compas, avec géométrie et régularité. *Les jardins compassés de Le Nôtre.*

compendieux (adj.) : Abrégé, exprimé en peu de mots. *Dans ce document compendieux, nous présenterons les bases de la botanique sans entrer dans les détails qui ne seraient pas utiles aux débutants.*

concomitant (adj.) : Qui a lieu en même temps qu'un autre phénomène, simultané. Un sommet de l'OTAN concomitant au sommet de l'Union européenne a été récemment organisé.

concupiscence (n. f.) : Attrait naturel vers les biens matériels, terrestres, et en particulier penchant aux plaisirs sensuels. *La concupiscence se lisait sur son visage lorsqu'il quitta la pièce des femmes.*

concussion (n. f.) : détournement des fonds publics par un fonctionnaire ; corruption. *Accusé de concussion.*

conflagration (n. f.) : Bouleversement de grande portée. *La menace d'une conflagration mondiale.*

congénitale (adj.) : Qui est présent à la naissance. *Une maladie, malformation congénitale.*

congruent (adj.) : Qui convient, qui s'applique bien. *Solution congruente à la situation.*

conjecture (n. f.) : Supposition fondée sur des probabilités, mais qui n'est pas contrôlée par les faits. *On est réduit à des conjectures sur ses motivations.*

conjouir (v.) : Se réjouir avec quelqu'un de ce qui lui est arrivé d'heureux. *Ses amis se sont conjouis avec lui de la bonne nouvelle*

conspuer (v.) : Manifester bruyamment et en groupe son mépris contre quelqu'un, quelque chose ; huer. *Les supporters ont commencé à conspuer l'équipe adverse lorsque celle-ci a marqué un but controversé.*

consubstantiel (adj.) : Qui n'a qu'une seule et même substance (en parlant de Dieu). *Le dogme de la Trinité enseigne que le Père, le Fils et le Saint-Esprit sont consubstantiels, c'est-à-dire qu'ils partagent une même substance divine.*

contadin (n. m.) : Habitant de la campagne, paysan.

contingence (n. m.) : Éventualité, possibilité que quelque chose arrive ou non.

contrit (adj.) : Une personne qui éprouve un profond regret ou une tristesse en raison de quelque chose qu'elle a fait de mal.

coquecigrue (n. f.) : Personne qui raconte des sottises, imbécile, ridicule. *Je ne fais pas confiance à cet homme qui prétend avoir vu des extraterrestres ; pour moi, il n'est rien de plus qu'un coquecigrue qui raconte des histoires ridicules.*

corollaire (n. m.) : Proposition ou une déduction qui peut être dérivée d'une autre proposition ou d'une théorie.

corroborer (v.) : Confirmer ou renforcer une hypothèse ou une théorie en apportant des preuves ou des arguments supplémentaires.

corroder (v.) : Détruire ou endommager quelque chose par corrosion, ou éroder progressivement. *L'acide a corrodé la surface du métal et l'a rendu fragile.*

coterie (n. f.) : Un petit groupe de personnes qui partagent des intérêts ou des convictions communs, et qui cherchent souvent à s'exclure des autres.

couard (adj.) : Une personne qui manque de courage ou de détermination.

curviligne (adj.) : Quelque chose qui suit une ligne courbe ou sinueuse. *Le dessin de la rivière est curviligne, serpentant à travers la vallée entre les montagnes.*

cyclothymie (n. f.) : Un trouble de l'humeur qui se caractérise par des fluctuations légères de l'humeur, alternant entre des périodes d'euphorie et des périodes de dépression légère. *La cyclothymie peut être traitée efficacement par une combinaison de thérapies et de médicaments.*

circonspect (adj.) : Qui est attentif et prudent dans ses actes.

congruité (n. f.) : Qualité de s'accorder, d'être mutuellement appropriés (pour les éléments d'un ensemble).

convalescence (n. f.) : Période de transition entre la fin d'une maladie et le retour à la santé.

corrélation (n. f.) : Lien, rapport réciproque. *Il n'y a aucune corrélation entre ces évènements !*

complaisant (adj.) : Qui cherche à faire plaisir, à être agréable. *C'est un ami très complaisant, il m'a prêté sa voiture.*

cynique (adj. et nom) : Qui avoue avec insolence, et en la considérant comme naturelle, une conduite contraire aux conventions sociales, aux règles morales.

D

dantesque (adj.) : Qui a le caractère sombre et sublime de l'œuvre de Dante.

débâcle (n. f.) : Rupture des glaces d'un cours d'eau, entraînées alors par le courant, provoquant une augmentation rapide du débit, souvent génératrice d'inondations. Par extension : désastre.

décalvant (adj.) : Qui provoque la calvitie, qui rend chauve. *Une mauvaise alimentation est décalvante.*

déférence (n. f.) : Considération très respectueuse que l'on témoigne à quelqu'un. *Tu devrais faire preuve de plus de déférence vis-à-vis de tes supérieurs.*

délétère (adj.) : Toxique, dangereux pour la santé. *Une substance délétère.*

déparler (v.) : Parler à tort et à travers, sans discernement. *Arrête de déparler, passons aux choses sérieuses.*

dépenaillé (adj.) : Mal vêtu, débraillé en parlant d'une personne. *Il est arrivé tout dépenaillé à son rendez-vous à la banque.*

déperlant (adj.) : Se dit d'une surface, en particulier un tissu, sur laquelle l'eau glisse sans pénétrer. *Elle a une garde-robe taillée sur mesure pour toutes les éventualités météorologiques. Une fourrure pour les grands froids, un manteau déperlant pour les jours pluvieux, etc.*

déshérence (n. f.) : Absence d'héritiers pour recueillir une succession qui est en conséquence dévolue à l'État. *La maison a été vendue aux enchères après être restée en déshérence pendant des années.*

dialectique (n. f.) : Ensemble des moyens mis en œuvre dans la discussion en vue de démontrer, réfuter.

diaphane (adj.) : Qui laisse passer à travers soi les rayons lumineux laisser distinguer la forme des objets.

diaphorèse (n. f.) : Fonction de transpiration de la peau.

diaprer (v.) : Nuancer de couleurs variées. Les rayons du soleil diaprèrent l'eau de la rivière, créant un magnifique jeu de lumière sur les rochers.

diatribe (n. f.) : Critique amère et violente. *Il a prononcé une diatribe contre le régime.*

didascalie (n. f.) : Instruction que l'auteur dramatique faisait aux acteurs sur la manière de jouer sa pièce.

diffamé (n. f.) : Chercher à perdre quelqu'un de réputation en lui imputant un fait qui porte atteinte à son honneur, à sa considération.

difficultueux (adj.) : Qui présente des difficultés, difficile.

dilatoire (adj.) : Qui tend à retarder par des délais, à prolonger.

dilection (n. f.) : Amour pur et spirituel.

discrétionnaire (adj.) : Qui est laissé à la discrétion de quelqu'un, qui confère le pouvoir de décider.

disert (adj.) : Qui s'exprime, parle facilement et avec agrément, éloquent ; qui manifeste cette aptitude.

dispendieux (adj.) : Qui nécessite une grande dépense, de grands frais ; cher, onéreux. *Le mariage du Prince d'Angleterre et de sa fiancée avait été dispendieux.*

dissentiment (n. m.) : Différence d'opinions, de points de vue qui porte au conflit.

dithyrambique (adj.) : Très élogieux, qui fait l'apologie de quelque chose ou quelqu'un. *Un hymne dithyrambique.*

doléances (n. f. p.) : Plaintes ou réclamations, en général adressées par des subordonnés à un supérieur. *Si vous avez des doléances, c'est maintenant qu'il faut m'en faire part.*

doucereux (adj.) : D'une douceur fade et désagréable au goût ; douceâtre. *Liqueur doucereuse.*

doxa (n. f.) : Ensemble des opinions communes aux membres d'une société et qui sont relatives à un comportement social.

ductile (adj.) : Qui peut être tiré, étiré, étendu sans se rompre.

dysphorie (n. f.) : Perturbation de l'humeur caractérisée par l'irritabilité et un sentiment déplaisant de tristesse, d'anxiété.

dystopie (n. f.) : Société imaginaire régie par un pouvoir totalitaire ou une idéologie néfaste, telle que la conçoit un auteur donné.

débonnaire (adj.) : D'une bonté extrême, un peu faible.

désuétude (n. c.) : Pratique qui est vieillie, abandonnée, par suite du défaut d'usage, de l'inadaptation aux méthodes actuelles.

dilettante (adj. et nom) : Personne qui s'occupe d'une chose pour le seul plaisir, en amateur.

disparité (n. f.) : Différence, dissemblance entre des choses que l'on compare, manque de parité, absence de similitude parfaite.

E

ébaubi (adj.) : Être stupéfait, surpris. *Sur le chemin, je croisais le père de Jean, tout ébaubi par l'incroyable nouvelle que venait de lui apprendre la mère de George.*

s'ébaudir (v.) : Se divertir, se réjouir. *Nous nous sommes ébaudis de la découverte de cette ville.*

éburné (adj.) : Qui a la couleur ou la consistance de l'ivoire. *Tous les trottoirs de la commune vont être refaits de manière à créer un ensemble harmonieux avec ces nouveaux bâtiments éburnés.*

écholalie (n. f.) : Trouble du langage qui consiste à répéter de manière systématique les derniers mots entendus.

écornifler (v.) : Acquérir par la ruse de quoi se nourrir et s'habiller.

ectoplasme (n. m.) : Couche superficielle de la cellule animale.

égérie (n. f.) : Inspiratrice d'un artiste, d'un mouvement culturel. *Si elle reste dans l'ombre, elle n'en demeure pas moins son égérie depuis de nombreuses années maintenant.*

égotisme (n. m.) : Tendance à s'analyser et à ne parler que de soi.

égrotant (adj.) : Personne qui est malade de façon continue, permanente.

élégiaque (adj. et n. m.) : Qui exprime la mélancolie, qui a la tristesse de l'élégie.

émacier (v.) : Rendre très maigre.

émétique (adj. et n. m.) : Provoque des vomissements. *Le vin est pour moi un breuvage émétique.*

émollient (adj. et n. m.) : Qui relâche les tissus. *Soin émollient.*

émonctoire (n. m.) : Organe d'élimination, d'excrétion des déchets organiques. *Les émonctoires ont une importance vitale pour l'organisme humain.*

émoucher (v.) : Débarrasser des mouches en les chassant. *Émoucher un cheval.*

empathie (n. f.) : Capacité à ressentir les émotions de quelqu'un d'autre, arriver à se mettre à la place d'autrui.

emphatique (adj.) : Qui exprime ses sentiments et ses idées dans un style très appuyé et exagéré. *En femme emphatique, elle prononce un discours trop pompeux et ennuyeux pour son auditoire.*

encalminé (adj.) : Se dit d'un voilier arrêté par l'absence de toute brise.

enchifrené (adj.) : Avoir le nez embarrassé par un rhume.

endémique (adj.) : Se dit d'une maladie qui est persistante dans une région. *Il s'agit d'un fléau endémique de l'île.*

engramme (n. m.) : Trace laissée dans le cerveau par un événement du passé.

entomologiste (n. m.) : Spécialiste de l'étude des insectes.

entripaillé (adj.) : Qui a une grosse bedaine, un gros ventre. *Un moine entripaillé.*

éonisme (n. m.) : Adoption par un homme de comportements vestimentaires ou sociaux féminins.

épanadiplose (n. m.) : Figure rhétorique jouant sur la répétition et le croisement d'un même terme. *Il faut travailler pour vivre et non pus vivre pour travailler.*

épectase (n. f.) : Fait de mourir lors de l'orgasme.

éphélide (n. f.) : Tâche de rousseur.

épicène (adj.) : Qui désigne aussi bien le mâle que la femelle d'une espèce, par exemple : le rat.

épigone (n. m.) : Successeur d'un écrivain ou d'un artiste.

épigramme (n. f.) : Poème satirique de quelques vers.

épigraphe (n. f.) : Inscription placée sur un édifice pour indiquer sa destination, la date de sa construction, etc.

épiphanie (n. f.) : Fête catholique qui commémore la manifestation de Jésus enfant aux Rois mages venus l'adorer. Par extension : Manifestation de la divinité.

épistolaire (n. m. et adj.) : Correspondance qu'entretiennent deux ou plusieurs personnes par écrit. *Roman épistolaire.*

épizootie (n. f.) : Épidémie qui frappe les animaux.

éponyme (adj. et n. m.) : Qui donne son nom à quelque chose. *Athéna, déesse éponyme d'Athènes.*

épure (n. f.) : Dessin ou trait exécuté sur un mur ou sur une surface horizontale, en grandeur réelle, pour guider la construction d'une partie d'un édifice ou l'assemblage d'une machine.

équanimité (n. f.) : Égalité d'âme, d'humeur.

éréthisme (n. m.) : Surexcitation d'un organe.

ergomane (n. f.) : Personne qui travaille beaucoup, s'identifiant complètement à son entreprise. *L'ergomanie traduit souvent la peur de s'observer soi-même, d'être seul avec soi et son esprit.*

ergophobie (n. f.) : Crainte irrationnelle et exagérée du travail.

ergoteur (n. m. et adj.) : Personne qui aime ergoter, c'est-à-dire contester sans véritable raison, à chicaner pour des riens.

erratique (adj.) : Qui est instable, ne manifeste aucune tendance cohérente. *Les mouvements erratiques du dollar.*

ersatz (n. m.) : Produit alimentaire qui en remplace un autre de qualité supérieure, devenu rare.

érubescence (n. f.) : Fait de devenir rouge.

éthologie (n. f.) : Science des comportements des espèces animales dans leur milieu naturel.

étiologie (n. f.) : Étude des causes des maladies.

étique (adj.) : D'une extrême maigreur. *Un cheval étique.*

eugénisme (n. m.) : Théorie et méthodes visant à améliorer l'espèce humaine, fondées sur la génétique. *Entre avancées et dangers, l'eugénisme ne laisse personne insensible.*

euphémisme (adj.) : Figure de style qui repose sur l'atténuation d'une réalité jugée déplaisante, sale ou sordide. « Disparu » pour « mort » est un exemple d'euphémisme.

évanescent (adj.) : Qui disparaît par degrés, qui s'efface peu à peu. *Image évanescente.*

exaction (n. f.) : Action d'exiger plus que son dû en profitant de son pouvoir.

exciper (v.) : Se prévaloir d'une exception, alléguer une excuse. *Exciper de sa bonne foi.*

exégèse (n. f.) : Explication philologique, historique ou doctrinale d'un texte obscur ou sujet à discussion. *Exégèse biblique.*

exotérique (adj.) : Se dit d'une doctrine philosophique ou religieuse enseignée publiquement (par opposition à ésotérique).

expurger (v.) : Éliminer d'un texte ce qui est contraire à la décence, à la morale ou à la religion.

exutoire (n. m.) : Ce qui permet de se soulager, de se débarrasser de quelque chose de gênant. *Le sport peut servir d'exutoire.*

exubérance (n. f.) : État de ce qui est très abondant. *L'exubérance de la végétation.*

excentrique (adj. et nom) : Dont le centre s'éloigne d'un point donné.

F

faconde (n. f.) : Grande facilité de parole ou bavardage abondant, excessif.

factieux (adj. et n. m.) : Personne qui s'oppose violemment au pouvoir établi pour provoquer des troubles.

fallacieux (adj.) : Qui cherche à tromper, à nuire ; perfide. *Des promesses fallacieuses.*

fatuité (n. f.) : Autosatisfaction poussée à son extrême, presque ridicule. *La fatuité que le patron étale aux yeux de tous le rend particulièrement insupportable.*

faux-fuyant (n. f.) : Moyen pour éviter de s'engager.

fébricitant (adj.) : Qui a de la fièvre. *Un malade fébricitant.*

fétide (adj.) : Qui a une odeur très désagréable. *Une haleine fétide.*

flagorner (v.) : Flatter quelqu'un bassement et avec insistance.

flave (adj.) : D'un blond doré très lumineux.

fluorescent (adj.) : Qui produit une émission de lumière quand soumis à l'action d'un rayonnement. *Les gilets de sécurité sont équipés de bandes fluorescentes et réfléchissantes.*

fluant (adj.) : Changeant, mouvant, insaisissable.

folliculaire (n. m.) : Journaliste peu scrupuleux et sans grand talent, un mauvais journaliste. *Je n'ai aucune leçon de déontologie journalistique à recevoir de la part d'un piètre folliculaire.*

fomenter (v.) : Susciter, préparer secrètement quelque chose.

fortitude (n. m.) : Énergie morale devant le danger ou dans la souffrance.

fortuit (adj.) : Qui arrive par hasard, d'une manière imprévue. *Une rencontre fortuite.*

frontispice (n. m.) : Façade principale d'un bâtiment.

fulgurer (v.) : Briller vivement et d'un éclat passager.

fugace (adj.) : Qui disparaît vite, dure très peu. *Beauté fugace.*

fragrance (n. f.) : Parfum subtil, odeur agréable.

frêle (adj.) : Dont l'aspect donne une impression de fragilité. *Des jambes frêles.*

flânerie (n. f.) : Action ou habitude de flâner, de se promener sans but ; promenade de flâneur. *Ses interminables flâneries dans les rues de Paris.*

frivolité (n. f.) : Tendance à la légèreté, à l'inconstance.

frugalité (n. f.) : Caractère frugal, personne qui se nourrit de peu, qui vit d'une manière simple.

G

gastrolâtre (n. m.) : Personne gourmande, voire goinfre, qui adore manger. *La semaine de la dégustation de notre ville est un véritable rassemblement de gastronomes et autres gastrolâtres.*

gausser (v.) : Se moquer ouvertement de quelqu'un ou de son attitude ; le railler.

gentilé (n. m.) : Nom donné aux habitants d'un lieu. *Le gentilé de Paris est le Parisien.*

glabre (adj.) : Qui ne porte ni barbe ni moustache, qui est dépourvu de poils. *Un visage glabre.*

gouleyant (adj.) : Frais et léger, facile et agréable à boire. *Un vin gouleyant.*

grandiloquent (adj.) : Pompeux, adepte des grandes paroles et des discours éloquents, démesuré.

gravide (adj.) : Femelle pleine ; femme enceinte.

grégaire (adj.) : Qui vit par troupeaux. *Les animaux grégaires.*

guindé (adj.) : Prendre une attitude rigide, affectée. *Cet homme a toujours un air guindé.*

H

habitudinaire (n. m.) : Qui commet toujours le même péché.

hâbleur (adj. et n. m.) : Personne qui a l'habitude de parler beaucoup, en exagérant, en se vantant.

hagiographie (n. f.) : L'écriture de la vie et/ou de l'œuvre des saints.

halieutique (adj.) : Qui relève de la pêche. *Une activité halieutique*

halitose (n. m.) : Odeur désagréable fréquente ou persistante de l'haleine.

harangue (n. f.) : Discours solennel prononcé devant une assemblée, une personnalité importante, des troupes, etc. *Les harangues prononcées par les orateurs de la Révolution étaient nombreuses.*

hâve (adj.) : Amaigri et pâli par la faim, les épreuves. *Le visage hâve.*

hégémonie (n. f.) : Domination d'une puissance, d'un pays, d'un groupe social, etc., sur les autres.

héliciculture (n. f.) : Élevage des escargots comestibles.

hémostatique (adj. et n. m.) : Propre à arrêter les hémorragies. *Pinces hémostatiques.*

heuristique (adj. et n. f.) : Qui est utile à la découverte de faits et de théories.

hiatus (n. m.) : Rencontre de deux voyelles prononcées, à l'intérieur d'un mot (ex. aérer), ou entre deux mots énoncés sans pause (ex. il a été).

hiémal (adj.) : Qui concerne l'hiver. *Un froid hiémal.*

hispide (adj.) : Hérissé de poils rudes et épais.

histrionisme (n. m.) : Trait de personnalité hystérique où tout est mis en œuvre pour attirer l'attention et séduire.

homologue (adj. et n. m.) : Équivalent. L*e grade d'amiral est homologue de celui de général.*

homoncule (n. m.) : Petit être vivant à forme humaine, que les alchimistes prétendaient fabriquer.

horion (n. m.) : Coup violent.

hypallage (n. f.) : Figure de style qui consiste à attribuer à certains mots d'une phrase ce qui convient à d'autres mots de la même phrase. « *Rendre quelqu'un à la vie* » pour « *rendre la vie à quelqu'un* ».

hyperesthésie (n. f.) : Sensibilité exagérée, pathologique. *Hyperesthésie du toucher.*

hypocondriaque (n. m. et adj.) : Préoccupation centrée sur la peur ou l'idée d'être atteint d'une maladie grave.

hypocoristique (adj. et n. m.) : Qui exprime une intention affectueuse. Elle m'a donné le diminutif hypocoristique de « chouchou ».

hypogé (adj.) : Qui se développe sous la terre (opposé à épigé). *Germination hypogée.*

hypotypose (n. f.) : Figure de style consistant en une description animée, vive et frappante.

hédonisme (n. m.) : Doctrine qui prend pour principe de la morale la recherche du plaisir et l'évitement de la souffrance.

hectique (adj.) : Très maigre et affaibli.

I

iatrogène (adj.) : Se dit d'une manifestation pathologique due à un acte médical, spécialement à un médicament.

ibérique (adj. et n. m.) : Relatif à l'Espagne et au Portugal. *L'art ibérique.*

iconoclaste (adj.) : Qualifie une personne qui détruisait les images saintes au VIIIème siècle, qui pratiquait l'iconoclasme.

idoine (adj.) : Qui convient parfaitement, approprié. *Vous avez trouvé l'homme idoine.*

ignifuge (adj. et n. m.) : Qui rend ininflammables les objets naturellement combustibles. *Une substance ignifuge.*

ignivome (adj.) : Qui crache le feu. *Un dragon ignivome.*

immanent (adj.) : Qui est contenu dans un être, qui résulte de la nature même de cet être et non pas d'une action externe. *L'idée de dépassement est immanente à l'homme.*

impavide (adj.) : Qui n'éprouve ou ne montre aucune crainte.

impécunieux (adj.) : Qui manque d'argent.

impéritie (n. f.) : Manque d'aptitude, d'habileté. *L'impéritie d'un ministre.*

implexe (adj.) : Des personnes sont implexes si elles ont un lieu de parenté. *Il y a beaucoup de personnes implexes dans cette entreprise.*

improuver (v.) : Ne pas approuver ; blâmer.

imprécation (n. f.) : Souhait de malheur contre quelqu'un. *Lancer, proférer des imprécations.*

inanité (n. f.) : Caractère de ce qui est vain. *L'inanité de nos efforts.*

incoercible (adj.) : Qu'on ne peut contenir, réprimer. *Un fou rire incoercible.*

incongruité (n. f.) : Action ou parole incongrue, déplacée. *Dire des incongruités.*

incurie (n. f.) : Manque de soin, d'organisation. *L'incurie des dirigeants.*

indéfectible (adj.) : Qui ne peut cesser d'être, qui dure toujours. *Un attachement indéfectible.*

indolence (n. f.) : Disposition à éviter l'effort physique ou moral.

industrieux (adj.) : Qui montre de l'adresse, de l'habileté.

inébriant (adj.) : Qui enivre ; qui donne de l'ébriété.

ineffable (adj. et n. m.) : Qui ne peut être exprimé par des paroles (se dit de choses agréables). *Un bonheur ineffable.*

ineptie (n. f.) : Caractère d'un comportement, d'un acte qui est sot.

inexpugnable (adj.) : Qu'on ne peut prendre d'assaut. *Une forteresse inexpugnable.*

infirmer (v.) : Affaiblir (qqch.) dans son autorité, sa force, son crédit. *L'expertise a infirmé ce témoignage.*

infrangible (adj.) : Qui ne peut être brisé, détruit. *Une amitié infrangible.*

inique (adj.) : Qui manque gravement à l'équité ; très injuste (s'oppose à équitable). *Une décision inique.*

innocuité (n. f.) : Qualité de ce qui n'est pas nuisible. *Tester l'innocuité d'un vaccin.*

insane (adj.) : Qui est contraire à la saine raison, au bon sens. *Des projets insanes.*

insidieux (adj.) : Qui a le caractère d'un piège. *Une question insidieuse.*

intangible (adj.) : À quoi l'on ne doit pas toucher, porter atteinte ; que l'on doit maintenir intact. *Des principes intangibles.*

ire (n. f.) : Colère.

irrécusable (adj.) : Qu'on ne peut contester, mettre en doute. *Une preuve irrécusable.*

irréfragable (adj.) : Qu'on ne peut contredire, réfuter. *Un témoignage irréfragable.*

irrémissible (adj.) : Qui ne mérite pas de rémission, de pardon. *Une faute irrémissible.*

ivraie (n. f.) : Plante herbacée, nuisible aux céréales.

intègre (adj.) : Qui est d'une très grande probité, qu'on ne peut corrompre. *Des juges intègres.*

impécuniosité (n. f.) : Manque d'argent.

J

jacobin (adj. et n. m.) : Partisan ardent d'une démocratie centraliste et révolutionnaire.

janotisme (n. m.) : Construction vicieuse d'une phrase donnant lieu à des ambiguïtés. *Aller chercher une pizza chez le boulanger qu'on a fait cuire.*

K

kafkaïen (adj.) : Qui rappelle l'atmosphère absurde et oppressante des romans de Kafka.

L

laconique (adj.) : Qui s'exprime en peu de mots. *Réponse laconique.*

lacustre (adj.) : Qui se trouve, vit auprès d'un lac, dans un lac. *Plantes lacustres.*

languide (adj.) : Une personne dont l'attitude physique ou l'état mental trahissent une forme de laisser-aller, un accablement qui peut avoir diverses origines.

lapidaire (n. m.) : D'une concision brutale, expressive. Il parle d'un style lapidaire.

lapidifier (v.) : Convertir en pierre, donner à une substance la dureté de la pierre.

lascif (adj.) : Qui incite à la sensualité. *Une danse lascive.*

latitudinaire (adj. et n. m.) : Qui s'accorde des libertés dans les principes d'une religion. *Foi latitudinaire.*

laudatif (adj.) : Qui loue, marque la louange. *Il est très laudatif à votre égard.*

legs (n. m.) : Don par testament. *Le bénéficiaire d'un legs.*

lénifiant (adj.) : Amollissant, qui ôte toute énergie. *Atmosphère lénifiante.*

lénifier (v.) : Amollir quelqu'un, lui ôter de la vigueur, de l'énergie. *Un climat qui vous lénifie.*

lénitif (adj. et n. m.) : Qui procure une sensation de douceur.

léonin (adj.) : Du lion, qui rappelle le lion. *Une chevelure léonine.*

létal (adj.) : Mortel. *Dose létale d'un produit toxique.*

libelle (n. m.) : Court écrit satirique, diffamatoire. *Répandre des libelles contre quelqu'un.*

licencieux (adj.) : Qui manque de pudeur, de décence. *Propos licencieux.*

licite (adj.) : Qui est permis par la loi, par l'autorité établie. *Profits licites.*

litote (n. f.) : Figure de rhétorique qui consiste à atténuer l'expression de sa pensée. *« Ce n'est pas mauvais » pour « c'est très bon ».*

loisible (adj.) : Qui est permis, qui ne dépend que du libre choix.

longanime (adj.) : D'une patience tolérante.

longanimité (n. f.) : Patience à supporter ses propres maux.

louvoyer (v.) : Naviguer en zigzag pour utiliser un vent contraire.

lucifuge (adj. et n. m.) : Se dit des animaux qui fuient la lumière.

lucre (n. m.) : Gain, profit recherché avec avidité. *Le goût, l'amour, la passion du lucre.*

lunatique (adj. et n. m.) : Qui a l'humeur changeante, déconcertante (comme ceux qui, croyait-on, étaient sous l'influence de la Lune). *Il est très lunatique.*

M

manégé (adj.) : Avoir un comportement adroit et artificieux pour parvenir à ses fins.

mansuétude (n. f.) : Disposition à pardonner généreusement. *Juger quelqu'un avec mansuétude.*

marmoréen (adj.) : Qui a l'apparence (blancheur, éclat, froideur) du marbre.

marri (adj.) : Triste, fâché.

martial (adj.) : Relatif à la guerre, à la force armée.

matutinal (adj.) : Du matin, qui a lieu le matin.

méandre (n. m.) : Détour compliqué. *Les méandres de la pensée, d'un exposé.*

médicastre (n. m.) : Médecin ignorant et hâbleur.

médiocratie (n. f.) : Gouvernement, domination exercée par les médiocres.

méduser (v.) : Frapper quelqu'un de stupeur.

mélioratif (adj. et n. m.) : Qui présente de manière avantageuse, valorisante. *Adjectifs mélioratifs (ex. « cheveux argentés » pour « cheveux blancs »).*

melliflu (adj.) : Qui distille, produit du miel.

mercantile (adj.) : Digne d'un commerçant avide, d'un profiteur. *Tu es très mercantile dans ton approche. Tu devrais penser à tout ce que ce travail pourrait t'apporter, pas uniquement à ton salaire.*

méridien (n. m.) : Cercle imaginaire passant par les deux pôles terrestres. *Heure du méridien de Greenwich.*

méridienne (n. f.) : Sieste du milieu du jour.

mésalliance (n. f.) : Mariage avec une personne considérée comme socialement inférieure.

messaline (n. f.) : Femme particulièrement dévergondée, caractérisée par un appétit de luxe, une soif de plaisir et un esprit de lucre immodérés.

mirifique (adj.) : Merveilleux. *Des promesses mirifiques.*

misandre (adj. et n. m.) : Qui éprouve, manifeste de l'aversion pour les personnes de sexe masculin (opposé à misogyne).

misonéisme (n. m.) : Aversion pour tout ce qui est nouveau, pour tout changement.

moratoire (n. m.) : Suspension, interruption provisoire (d'une obligation de paiement, d'une action en justice, d'une activité...), délai accordé pour laisser plus de temps.

morbifuge (adj.) : Qualifie ce qui repousse la maladie.

morigéner (v.) : Réprimander quelqu'un en lui faisant une leçon de morale ; sermonner.

mortifier (v.) : Affliger son corps par des privations volontaires, des jeûnes par esprit de pénitence.

munificence (n. f.) : Disposition qui pousse à donner largement aux autres, à aider les gens sans rien attendre en retour.

musarder (v.) : Passer son temps à flâner.

muselet (n. m.) : armature métallique servant à coiffer et à maintenir le bouchon des bouteilles de champagne, de vin pétillant.

musophobie (n. f.) : Peur des souris, des rats.

mutique (adj.) : Qui refuse de parler ; qui est dans l'incapacité physique de parler.

myrmidon (n. m.) : Petit homme chétif, insignifiant.

mytiliculture (n.f) : Élevage des moules.

matamore (n. m.) : Faux brave, vantard.

N

narcolepsie (n. f.) : Trouble du sommeil chronique caractérisé par des épisodes soudains et irrésistibles de sommeil.

narcose (n. f.) : Sommeil provoqué artificiellement (par un narcotique, l'hypnose...).

naupathie (n. f.) : Mal de mer.

nécromancie (n. f.) : Science occulte qui fait appel aux morts pour prédire l'avenir.

néfaste (adj.) : Qui cause du mal. *L'ennui est le plus néfaste des maux.*

néophyte (n. m. et adj.) : Personne qui a récemment adhéré à une doctrine, un parti, une association.

népotisme (n. m.) : Abus qu'une personne en place fait de son influence en faveur de sa famille, de ses amis.

nescience (n. f.) : Absence de savoir, de connaissance.

neurasthénie (n. f.) : État de fatigabilité physique et psychique extrême.

nivéal (adj.) : Qui fleurit dans la neige, en hiver.

nubile (adj.) : Qui est en âge d'être marié ; qui est apte à la reproduction.

nyctalope (adj. et n. m.) : Qui voit la nuit. *Le hibou est nyctalope.*

nycthémère (n. m.) : Espace de temps comprenant un jour et une nuit (24 h) et correspondant à un cycle biologique.

O

obduration (n. f.) : Obstination dans la sévérité, endurcissement du cœur et de l'esprit.

obérer (v.) : Accabler quelqu'un, quelque chose d'une lourde charge financière. *La facture pétrolière obère le budget de l'État.*

oblatif (adj.) : Qui pousse à donner, à se sacrifier. *Amour oblatif.*

obséquieux (adj.) : Qui exagère les marques de politesse, par servilité ou hypocrisie.

obvie (adj.) : Dont la signification est évidente, qui vient naturellement à l'esprit. *Le sens obvie d'un texte.*

omerta (n. f.) : En Italie, notamment en Sicile, dans les milieux soumis à la mafia, loi du silence.

omineux (adj.) : Qui est funeste, de mauvais augure. *Ce présage omineux.*

onychophagie (n. f.) : Habitude de se ronger les ongles.

oracle (n. m.) : Réponse qu'une divinité donnait à ceux qui la consultaient.

oraison (n. f.) : Prière liturgique de la messe.

orbicole (adj.) : Qui peut vivre sur tous les points du globe terrestre. *Plante orbicole.*

ostensible (adj.) : Qui est fait sans se cacher ou avec l'intention d'être remarqué.

ostentation (n. f.) : Mise en valeur excessive et indiscrète d'un avantage. *Agir avec ostentation (vanité).*

ostracisme (n. m.) : Rejet hostile, par une collectivité, d'un de ses membres.

oxymore (n. m.) : Figure de style qui consiste à allier deux mots de sens contradictoires. *Une douce violence.*

opulent (adj.) : Qui est très riche, qui est dans l'opulence. *Il mène une vie opulente.*

opiniâtre (adj.) : Tenace dans ses idées, ses résolutions. *Des combattants opiniâtres.*

P

palindrome (n. m.) : Mot ou groupe de mots qui peut se lire indifféremment de gauche à droite ou de droite à gauche en gardant le même sens. *La mariée ira mal.*

pamphlet (n. m.) : Texte court et violent attaquant les institutions, un personnage connu.

panacée (n: f.) : Remède universel ; formule par laquelle on prétend résoudre tous les problèmes.

pandémie (n. f.) : Épidémie qui atteint un grand nombre de personnes, dans une zone géographique très étendue.

pandémonium (n. f.) : La capitale imaginaire de l'enfer.

pandiculation (n. f.) : Mouvement qui consiste en un étirement de tous les membres accompagné d'un bâillement.

panégyrique (n. m. et adj.) : Discours à la louange de quelqu'un. *Faire le panégyrique de quelqu'un.*

panoptique (adj.) : Qui permet de voir sans être vu.

papelard (adj.) : Dont l'affabilité laisse deviner l'hypocrisie.

paradigme (n. m.) : Mot-type donné comme modèle pour une déclinaison, une conjugaison.

parangon (n. m.) : Modèle. *Un parangon de vertu.*

parégorique (n. m. et adj.) : Préparation à base d'opium, d'essence d'anis, de camphre et d'acide benzoïque, utilisée comme antidiarrhéique chez l'adulte.

parémiologie (n. f.) : Étude des proverbes.

parentéral (adj.) : Désigne l'administration d'un produit par injection.

paronyme (adj. et n. m.) : Se dit de mots presque homonymes (ex. éminent et imminent).

patent (adj.) : Évident, manifeste. *Une injustice patente.*

paterne (adj.) : Qui est d'une bienveillance doucereuse.

patibulaire (adj.) : Qui semble appartenir à un criminel (visage, apparence).

peccadille (n. f.) : Faute bénigne, sans gravité.

peccamineux (adj.) : Relatif au péché ; enclin au péché.

pécuniaire (adj.) : Qui relève de l'argent, qui consiste en argent. *Une aide pécuniaire.*

pédieux (adj.) : Qui a rapport au pied. *Artère pédieuse.*

pélagique (adj.) : Relatif à la pleine mer, à la haute mer. *Dépôts, sédiments pélagiques des fonds marins.*

pellucide (adj.) : Transparent, translucide. *Membrane pellucide.*

perclus (adj.) : Qui éprouve des difficultés à se déplacer. *Perclus de froid.*

performatif (n. m. et adj.) : Énoncé qui constitue simultanément l'acte auquel il se réfère. « *Je vous autorise à partir* », *qui est une autorisation.*

péripatéticienne (n. m. et adj.) : Prostituée qui racole dans la rue.

périphrase (n. f.) : Figure de rhétorique qui consiste à remplacer un mot (ou nom propre) par une expression imagée ou descriptive qui l'évoque. *L'hexagone : La France.*

périssologie (n. f.) : Répétition involontaire (pléonasme) ou destinée à produire un effet de style et à insister sur une idée. *Monter en haut.*

pernicieux (adj.) : Qui est mauvais, dangereux, nuisible, préjudiciable, le plus souvent d'un point de vue moral ou social. *Une lecture pernicieuse.*

pers (adj.) : D'une couleur où le bleu domine (surtout en parlant des yeux).

persona non grata (adj.) : Expression latine utilisée dans la diplomatie, qui signifie littéralement « personne qui n'est pas bienvenue ».

pestilence (n. f.) : Odeur infecte. *La pestilence d'un marais.*

pestilentiel (adj.) : Qui répand une odeur infecte.

pétulance (n. f.) : Vivacité impétueuse, difficile à contenir.

phalange (n. f.) : Armée, troupe : phalange napoléonienne. Groupement humain étroitement uni par un idéal, des intérêts : une phalange d'artistes. Par extension : un groupe nombreux.

phatique (adj.) : Qui recouvre le fait de parler pour parler, souvent de parler pour ne rien dire.

philippique (n. f.) : Discours violent contre quelqu'un.

philistin (n. m. et adj.) : Personne de goût vulgaire, fermée aux arts et aux lettres, aux nouveautés.

piriforme (adj.) : En forme de poire.

pisse-copie (n. m.) : Écrivain très fécond qui fait passer la quantité devant la qualité.

pisse-froid (n. invariable) : Personne froide et morose, ennuyeuse.

placet (n. m.) : Écrit adressé à un roi, à un ministre pour se faire accorder une grâce, une faveur.

plantigrade (adj. et n. m.) : Qui marche sur la plante des pieds (opposé à digitigrade, onguligrade).

platonique (adj.) : Se dit d'un amour idéal, d'une passion dépourvue de toute sensualité ou de charnel. *Un amour platonique.*

pléonasme (n. m.) : Terme ou expression qui répète ce qui vient d'être énoncé. *Prévoir d'avance.*

pléthore (n. f.) : Abondance, excès.

pleutre (n. m. et adj.) : Homme sans courage.

ploutocratie (n. f.) : Gouvernement par les plus fortunés.

polymathe (adj.) : Personne aux connaissances variées et approfondies.

portenteux (adj.) : Qui relève du prodige, qui est extraordinaire, monstrueux.

postprandial (adj.) : Qui se produit après le repas. *Sieste postprandiale.*

prandial (adj.) : Relatif au repas. *Pause prandiale.*

prégnant (adj.) : Qui s'impose à l'esprit, à la perception. *Des formes prégnantes.*

préhensile (adj.) : Qui présente la capacité ou qui a l'aptitude à saisir des choses ou des objets ou qui peut les attraper. *La trompe préhensile de l'éléphant.*

prétoire (n. m.) : Salle d'audience d'un tribunal.

prévarication (n. f.) : Grave manquement d'un fonctionnaire, d'un homme d'État, aux devoirs de sa charge (abus d'autorité, détournement de fonds publics, concussion).

prévariquer (v.) : Transgresser une loi divine, une règle religieuse ou un devoir moral.

primesautier (adj.) : Qui obéit au premier mouvement, agit, parle spontanément.

primipare (adj. et n. f.) : Qui accouche pour la première fois (en parlant d'une femelle de mammifère). Une brebis, une jument primipare ou une primipare.

pro domo (locution adverbiale) : Plaidoyer d'une personne qui se fait l'avocat de sa propre cause, qui plaide pour soi-même.

probe (adj.) : Honnête, intègre.

proctologue (nom) : Spécialiste des maladies de l'anus et du rectum.

prodigue (adj. et n. m.) : Qui fait des dépenses excessives.

prodrome (n. m.) : Ce qui annonce un évènement. *Les prodromes d'une guerre.*

profane (adj.) : Qui est étranger à la religion (opposé à religieux, sacré). *Des paroles profanes.*

prolégomènes (n. m. p.) : Longue introduction placée en tête d'un ouvrage, contenant les notions préliminaires nécessaires à sa compréhension.

prolifique (adj.) : Qui produit beaucoup. *Un romancier prolifique.*

prolixe (adj.) : Qui est trop long, qui a tendance à délayer dans ses écrits ou ses discours. *Un orateur prolixe.*

prométhéen (adj.) : Caractérisé par le goût de l'action, la foi en l'homme.

prophylactique (adj.) : Qui prévient la maladie. *Mesures d'hygiène prophylactiques.*

propitiatoire (adj.) : Qui est destiné à rendre la divinité propice, qui est offert en propitiation, pour la rémission des péchés. *Une offrande propitiatoire.*

prosélytisme (n. m.) : Attitude de personnes cherchant à convertir d'autres personnes à leur foi.

prosopopée (n. f.) : Figure de rhétorique par laquelle on fait parler et agir une personne que l'on évoque (absent, défunt, animal ou chose personnifiée).

protéiforme (adj.) : Qui peut prendre de multiples formes, se présenter sous les aspects les plus divers. *Une œuvre protéiforme.*

prudhommesque (adj.) : D'une banalité pompeuse et ridicule.

psittacisme (n. m.) : Répétition mécanique (comme par un perroquet) de phrases que la personne qui les dit ne comprend pas.

ptyalisme (n. m.) : La sécrétion excessive de salive.

pubescent (adj.) : Couvert de poils fins et courts, de duvet.

pulvérulent (adj.) : Qui a la consistance de la poudre ou se réduit facilement en poudre.

purpurin (adj.) : Pourpre. *Des lèvres purpurines.*

pusillanime (adj. et n. m.) : Qui manque d'audace, craint le risque, les responsabilités.

putatif (adj.) : Qui est supposé avoir une existence légale. *Le père putatif.*

pycnique (adj.) : Qualifie une personne dont le physique est caractérisé par la force.

pygmalion (n. m.) : Personne amoureuse d'une autre et qui la conseille et la façonne pour la conduire au succès. *Sa femme a été son pygmalion.*

providence (n. f.) : Chance, hasard. *S'en remettre à la providence.*

propension (n. f.) : Tendance naturelle. *Il a une certaine propension à critiquer.*

piété (n. f.) : Attachement fervent aux devoirs et aux pratiques de la religion.

philanthropie (n. f.) : Générosité désintéressée avec pour but l'amélioration de la vie d'autrui.

pugnacité (n. f.) : Combativité.

Q

quérulence (n. f.) : Tendance pathologique à rechercher les querelles, à revendiquer la réparation d'un préjudice subi, réel ou imaginaire.

quitus (n. m.) : Reconnaissance d'une gestion conforme aux obligations, avec décharge de responsabilités. *Donner quitus à un administrateur.*

quoailler (v.) : Remuer continuellement la queue, en parlant d'un cheval. Ce cheval quoaille continuellement.

quorum (n. m.) : Nombre minimum de membres présents pour qu'une assemblée puisse valablement délibérer.

R

râblé (n. m.) : Se dit d'une personne trapue, petite et épaisse, de forte carrure.

ramage (n. m.) : Chant de divers oiseaux dans les ramures des arbres ou des buissons.

rapin (n. m.) : Apprenti dans un atelier d'artiste peintre ; élève peintre.

rapinade (n. f.) : Peinture de rapin.

ratiociner (v.) : Se perdre en raisonnements trop subtils et interminables.

recension (n. f.) : Analyse et compte rendu critique d'un ouvrage dans une revue.

recru (adj.) : Fatigué jusqu'à l'épuisement. *Bête recrue.*

redonder (v.) : Dire trop de choses et se répéter souvent dans un discours.

réfulgent (adj.) : Qui est très brillant.

régalien (adj.) : Se dit d'un droit attaché à la royauté.

regimber (v.) : En parlant d'un cheval, d'un âne, ruer, se cabrer au lieu d'avancer.

rémanence (n. f.) : Fait de se maintenir, de persister ; durée, permanence de quelque chose. *Rémanence d'une superstition.*

réminiscence (n. f.) : Retour à la conscience claire de souvenirs.

remugle (n. m.) : Odeur désagréable de renfermé.

réplétion (n. f.) : État d'un organe (humain) rempli, plein. Réplétion gastrique (satiété).

reptation (n. f.) : Action de ramper ; mode de locomotion dans lequel le corps progresse sur sa face ventrale, par des mouvements d'ensemble.

réquisitoire (n. m.) : Discours dans lequel on accumule les accusations contre quelqu'un, quelque chose : *Dresser un réquisitoire contre les abus.*

résilience (n. f.) : Capacité d'un individu à supporter psychiquement les épreuves de la vie.
résipiscence (n. f.) : Reconnaissance d'une faute et volonté de correction.

réticulaire (adj.) : Qui forme un réseau, ressemble à un réseau. Une *organisation réticulaire.*

rhéteur (n. m.) : Maître de rhétorique, professeur d'art oratoire.

roboratif (adj.) : Qui revigore, redonne des forces. *Plat roboratif.*

rodomontade (n. f.) : Désigne des propos fanfarons, une attitude prétentieuse et ridicule.

rogomme (n. m.) : Voix rauque que donne l'abus des boissons alcooliques.

rogue (adj.) : Qui est arrogant, avec une nuance de raideur et de rudesse. *Un air rogue.*

rubéfier (v.) : Rendre rouge, enflammé.

rubicond (adj.) : Très rouge. *Des joues rubicondes.*

rétrospective (n. f.) : Présentation récapitulative d'un sujet. *La rétrospective des évènements de l'année.*

S

sabir (n. m.) : une langue née du contact entre des locuteurs parlant des langues maternelles différentes placés devant la nécessité de communiquer.

sabord (n. m.) : Ouverture rectangulaire servant, sur les vaisseaux de guerre, de passage à la bouche des canons.

saccharicole (adj.) : Propre à la culture de la canne à sucre ou de la betterave sucrière.

sagittal (adj.) : En forme de flèche.

saltigrade (adj.) : Qui marche en sautant.

sardonique (adj.) : Qui exprime une moquerie amère, froide et méchante. *Rire, rictus sardonique.*

sarouel (n. m.) : Pantalon flottant à large fond, porté traditionnellement en Afrique du Nord.

satisfecit (n. m.) : Témoignage de satisfaction ; approbation. *Décerner des satisfecit.*

satrape (n. m.) : Personne vivant en despote et menant une vie luxueuse.

scabreux (adj.) : Embarrassant, délicat, risqué. De nature à choquer la décence. *C'est un sujet scabreux.*

scatologique (adj.) : Qui a rapport aux excréments.

schlague (n. f.) : Punition (coups de baguette) autrefois en usage dans les armées allemandes.

scotomiser (v.) : Rejeter inconsciemment hors du champ de la conscience (une réalité pénible).

scripturaire (adj.) : Relatif à l'Écriture sainte.

sectateur (nom) : Partisan déclaré de la doctrine, des opinions de quelqu'un. *Les sectateurs de Platon.*

séculaire (adj.) : Qui a lieu tous les cents ans.

séculier (adj. et n. m.) : Se dit d'un prêtre qui n'appartient à aucun ordre ou institut religieux.

séditieux (adj. et n. m.) : Qui émeut le peuple contre l'autorité légitime, perturbateur du repos public.

séide (n. m.) : Adepte fanatique des doctrines, exécutant aveugle des volontés (d'un maître, d'un chef).

sémillant (adj.) : D'une vivacité, d'un entrain plaisants. *Une sémillante jeune personne.*

sépulcral (adj.) : Qui évoque la mort. *Pierre sépulcrale.*

séraphique (adj.) : Relatif à tout esprit céleste tel que les anges pour caractériser la pureté, la perfection. *Malgré son âge avancé,* *ses traits d'apparence séraphique lui conféraient une innocence toute juvénile.*

sérendipité (n. f.) : Capacité, aptitude à faire par hasard une découverte inattendue et à en saisir l'utilité (scientifique, pratique).

sériciculture (n. f.) : Élevage des vers à soie.

sibyllin (adj.) : Dont le sens est obscur, énigmatique. *Des paroles sibyllines.*

sicaire (n. m.) : Tueur à gages.

siccité (n. f.) : État de ce qui est sec.

sigisbée (n. m.) : Chevalier servant (d'une femme).

siniser (v.) : Répandre la civilisation chinoise dans un pays.

solécisme (n. m.) : Emploi syntaxique fautif de formes. *Je suis été.*

soliloquer (v.) : Se parler à soi-même.

sollicitude (n. f.) : Attention soutenue et affectueuse. *Une sollicitude toute maternelle.*

somniloque (n. f.) : Individu parlant pendant son sommeil.

sophisme (n. m.) : Argument, raisonnement faux malgré une apparence de vérité.

sororale (adj.) : Qui concerne la sœur, les sœurs. *Héritage sororal.*

spadassin (n. m.) : Assassin à gages.

spéculaire (adj.) : Qui reflète la lumière avec une force et une netteté similaire à celles d'un miroir.

spermophile (n. m.) : Petit rongeur voisin de la marmotte, qui vit dans des terriers où il entasse des graines.

spicilège (n. m.) : Recueil d'actes, de documents, de notes, d'essais. *Le Spicilège de Montesquieu.*

sporadique (adj.) : Qui apparaît, se produit çà et là, d'une manière irrégulière. *Des grèves sporadiques.*

stéatopyge (adj.) : Dont le tissu adipeux est très développé au niveau des fesses ; qui a de très grosses fesses.

stellé (adj.) : Qui est couvert d'étoiles. *Un ciel stellé.*

sternutatoire (adj. et n. m.) : Qui provoque des éternuements.

stipendier (v.) : Payer quelqu'un pour accomplir une tâche méprisable ou criminelle, acheter sa complicité. *Stipendier des agents provocateurs.*

stochastique (adj. et n. f.) : Qui se produit par l'effet du hasard.

suborneur (adj. et n. m.) : Homme qui séduit une femme, abuse de sa naïveté.

sudorifique (adj. et n. m.) : Qualifie tous les éléments qui sont à l'origine de la transpiration.

superfétatoire (adj.) : Qui s'ajoute inutilement (à une chose utile).

surérogatoire (adj.) : Qui est fait en plus, supplémentaire.

surseoir (v.) : Reporter un jugement.

sycophante (n. m.) : Délateur ; espion.

sylphide (n. f.) : Femme svelte, élancée, d'une beauté fine et gracieuse.

synesthésie (n. f.) : Trouble de la perception dans lequel une sensation supplémentaire est ressentie dans une autre région du corps que celle qui est perçue normalement.

synode (n. m.) : Assemblée d'ecclésiastiques (spécialement catholiques, protestants).

synoptique (adj. et n. m.) : Qui donne une vue générale. *Tableau synoptique.*

subversion (n. f.) : Action visant à renverser ou à contester l'ordre établi, ses lois et ses principes.

synergie (n. f.) : Action coordonnée de plusieurs organes qui concourent à une seule action. *La synergie du travail en équipe.*

sémantique (n. f.) : Étude du sens, de la signification des signes, notamment dans le langage.

T

tabernacle (n. m.) : Petite armoire qui occupe le milieu de l'autel d'une église.

tâcheron (n. m.) : Petit entrepreneur qui travaille le plus souvent à la tâche.

taciturne (adj.) : Qui parle peu, reste habituellement silencieux.

talonner (n. m.) : Suivre ou poursuivre de très près (serrer de près).

tamiser (v.) : Trier, passer au tamis. *Tamiser de la farine.*

tapinois (loc. adv.) : En cachette ; sournoisement. *C'est un homme qui n'agit pas ouvertement, il fait tout en tapinois.*

taroupe (n. m.) : Nom qu'on donne au poil qui croît entre les sourcils.

tartan (n. m.) : Étoffe de laine légère dont les couleurs vives, disposées en carreaux, sont caractéristiques des divers clans de l'Écosse.

tempérance (n. f.) : Modération dans les plaisirs (mesure), notamment dans la consommation d'alcool et de nourriture (frugalité, sobriété).

thésauriser (v.) : Amasser de l'argent pour le garder, sans le faire circuler ni le placer.

torpide (adj.) : Relatif à un état d'abattement ou de somnolence.

torve (adj.) : Sournois et menaçant. Oblique, tordu. *Quasimodo avait la tête torve.*

tourmenteux (adj.) : Tempête, bourrasque soudaine et violente.

tracassier (adj. et n. m.) : Qui suscite des difficultés, pour des riens.

trémulant (adj.) : Qui est agité d'un tremblement.

tribulations (n. f. p.) : Aventures plus ou moins désagréables.

trivial (adj.) : Vulgaire, contraire aux bons usages. *Langage trivial.*

truchement (n. m.) : Interprète traducteur qui sert d'intermédiaire entre deux personnes ne sachant pas la langue l'une de l'autre.

truculent (adj.) : Qui est ou paraît très féroce, qui se comporte avec brutalité.

truisme (n. m.) : Vérité banale, si évidente qu'elle ne mériterait pas d'être énoncée.

tumulaire (adj.) : D'une tombe. *Dalle tumulaire.*

tumulus (n. f.) : Amas de terre ou de pierre, en forme de cône ou de pyramide, que les anciens élevaient au-dessus des sépultures pour servir de tombeau.

turbide (adj.) : Troublé, agité.

turgide (adj.) : Gonflé, boursouflé.

turpide (adj.) : Qui a une certaine laideur morale.

tutélaire (adj.) : Qui assure une protection.

ténacité (n. f.) : Qualité de ce qui adhère fortement, qui persiste longtemps. *La ténacité de la rouille.*

tare (n. f.) : Poids servant à équilibrer une balance.

transcendant (adj.) : Qui s'élève au-dessus du niveau moyen.

typologie (n. f.) : Science de l'élaboration des types, facilitant l'analyse d'une réalité complexe et la classification.

U

ubéreux (adj.) : Qui produit avec abondance, avec fertilité.

ubiquité (n. f.) : Capacité d'être présent en plusieurs lieux à la fois.

ubuesque (adj.) : Qui rappelle le personnage d'Ubu, par un caractère grotesque, cruel et couard.

umami (n. m.) : Saveur produite notamment par le glutamate de sodium, considérée comme l'une des cinq saveurs fondamentales.

urbain (adj. et n. m.) : Qui est de la ville, des villes (opposé à rural). *Transports urbains.*

V

vairon (n. m.) : Petit poisson des eaux courantes, au corps cylindrique.

valétudinaire (adj. et n. m.) : Maladif. *Vieillard valétudinaire.*

véganisme (n. m.) : Mode de vie dans lequel l'individu refuse de manger tout ce qui provient d'un animal (viande, œufs, gélatine, etc.).

velléitaire (adj. et n. m.) : Qui n'a que des intentions faibles, ne se décide pas à agir.

vénal (adj.) : Qui se laisse acheter au mépris de la morale. *Un politicien vénal.*

vendetta (n. f.) : Coutume, notamment corse, par laquelle les membres de deux familles ennemies poursuivent une vengeance réciproque jusqu'au crime.

véniel (adj.) : Péché véniel, faute digne de pardon (opposé à péché mortel).

verbalisme (n. m.) : Utilisation des mots pour eux-mêmes au détriment de l'idée (et sans intention esthétique).

verbatim (adv. et n. m.) : Selon les termes exacts. *Reproduire un discours verbatim.*

verbeux (adj.) : Qui dit les choses en trop de paroles, trop de mots. *Un orateur verbeux.*

verbigération (n. f.) : Discours incohérents avec répétitions, altérations de mots et néologismes nombreux, que font certains malades atteints de manie ou de démence.

vermifuge (adj. et n. m.) : Propre à provoquer l'expulsion des vers intestinaux.

versatile (adj.) : Qui change facilement de parti, d'opinion. *Une opinion publique versatile.*

vésanie (n. m.) : Folie.

vétilleux (adj.) : Qui s'attache à des détails, à des « veuvétilles ».

veule (adj.) : Qui n'a aucune énergie, aucune volonté. *Son attitude veule était en fait le signe d'un profond mal-être.*

viatique (n. m.) : Argent, provisions que l'on donne à quelqu'un pour un voyage.

vibrion (n. m.) : Bactérie mobile de forme incurvée.

vibrionner (v.) : S'agiter sans cesse. *Arrête de vibrionner autour de nous !*

vibrisse (n. f.) : Poil à l'intérieur des narines.

vicinal (adj.) : Qui concerne le voisinage.

vicissitude (n. f.) : Choses bonnes et mauvaises, évènements heureux et surtout malheureux qui se succèdent dans la vie.

viduité (n. f.) : État de veuf, de veuve.

vilipender (v.) : Dénoncer comme vil, méprisable.

vindicatif (adj.) : Porté à la vengeance. *Un rival vindicatif.*

vindicte (n. f.) : Poursuite et punition des crimes par l'autorité légale.

virelangue (n. m.) : Une phrase ou un groupe de mots qui contient des sons très proches, devenant ainsi difficiles à prononcer.

vireux (adj.) : Vénéneux. *Plante vireuse.*

vitreux (adj.) : Dont l'éclat est terni. *Œil, regard vitreux.*

volubile (adj.) : Qui parle beaucoup, très vite et avec aisance.

vulgivague (adj.) : Qui se prostitue.

virtuose (nom) : Musicien, musicienne, exécutant(e) doué(e) d'une technique brillante. *Une virtuose du piano.*

vétuste (adj.) : Qui est usé par le temps, n'est plus en bon état (choses, bâtiments et installations). *Maison vétuste.*

X

xénophilie (n. f.) : Sympathie pour les étrangers.

Xénophobie (n. f.) : Hostilité de principe envers les étrangers, ce qui vient de l'étranger.

Z

zélateur (nom) : Partisan ou défenseur zélé (d'une cause, d'une personne).

zinzinuler (v.) : (Pour les petits oiseaux) Chanter, gazouiller. *Écoute les mésanges zinzinuler !*

zoïle (n. m.) : Critique injuste et envieux. *Je ne tiens pas compte de sa critique, il est bien connu pour être un raté, un zoïle qui se venge sur les autres de n'avoir aucun talent !*

Printed in Great Britain
by Amazon

20296778R00047